G∴ L∴ D∴ F∴

LA GENÈSE DES MONDES

CONFÉRENCE

Faite le 26 Avril 1912

A LA R∴ L∴ Nº 133

« LA JUSTICE »

PAR LE

F∴ F. LANGLET

SECRÉT∴

Rite Ecoss∴ Anc∴ Accep∴
Grande Loge de France

LA JUSTICE

Loge N° 133

8, Rue Puteaux, 8
PARIS (17°)

Tenue Solennelle: 2ᵉ Vendredi
Tenue de Famille: 4ᵉ Vendredi

LIBERTÉ - ÉGALITÉ - FRATERNITÉ

Or∴ de Paris, le 8 Juillet 1912

T∴ C∴ F∴ Bezies,

Je vous remercie très vivement des cartes postales que vous avez l'amabilité de m'adresser — et ne regrette qu'une chose c'est de ne pouvoir vous en envoyer d'aussi intéressantes. — Je vous adresse avec cette Pl∴ une brochure qui, je pense, vous intéressera et j'y joins mon plus frat∴ souvenir pour vous et tous les membres de votre R∴ H∴

Recevez, mon C.·. C.·. F.·., l'expression de mes sentiments bien frat.·. dévoués

J. Langlet
Lee.·.

P. S. Par ce même courrier j'envoie une brochure à votre C.·. C.·. Ven.·. ainsi qu'à notre F.·. Hiéblot.

Je me tiens à votre disposition pour vous envoyer le nombre d'exemplaires (20 si vous voulez) pour ceux de nos F.·. F.·. du Havre à qui cela pourrait faire plaisir

J. L.·.

Vén∴ M∴, mes FF∴,

Avez-vous remarqué combien il est difficile, dans la vie prof∴, de répondre avec des arguments catégoriques au croyant qui vous met au défi de prouver l'inexistence de Dieu ?

Deux méthodes peuvent être employées pour arriver à ce but :

1° La méthode scientifique, basée sur la science pure et l'étude des phénomènes naturels ;

2° La méthode philosophique, basée sur le raisonnement, le syllogisme, tel que, par exemple, celui bien connu d'Epicure : « Ou Dieu veut ôter le mal de ce monde et il ne le peut ni ne le veut ; ou enfin, il le peut et le veut. — S'il le veut et ne le peut pas, c'est impuissance ; s'il le peut et ne le veut pas, c'est méchanceté ; s'il ne le peut et ne le veut, c'est impuissance et méchanceté ; s'il le veut et le peut, pourquoi y a-t-il du mal sur la terre ? »

Le sujet que nous avons à traiter nous invite à nous servir de la méthode scientifique et, sans avoir la prétention d'apporter une solution définitive de ce problème qui n'est pas encore résolu, j'ai pensé devoir vous exposer, mes FF∴, l'ensemble des plus récentes vérités scientifiques qui permettent tout simplement, par le bon sens, de rejeter les légendes d'une intervention divine dans l'origine des mondes. — Aller plus loin dans la question serait, à l'heure actuelle, imposer un dogme qui, même scientifique, est incompatible avec nos principes maç∴.

Le travail que je vais avoir l'honneur de vous soumettre est le résultat d'une longue compilation d'ouvrages traitant la partie technique du sujet. — Je me suis attaché à rassembler les matériaux de cette vaste question en un ensemble dont toutes les parties s'enchaînent et je serai heureux, mes FF∴, si j'ai réussi à apporter ma modeste pierre à l'édifice que nous devons élever, nous autres maç∴, à la place de celui qui abrite l'exploitation de l'ignorance humaine.

F∴ LANGLET.

NOTA. — Pour rendre plus facile la lecture déjà ardue de cette brochure à certains passages, nous avons supprimé les « renvois à l'auteur » de chaque phrase ou lambeau de phrase rencontré. Nous nous contenterons, dans cet opuscule qui n'a qu'un intérêt de propagande, de citer ceux des ouvrages et publications dont quelques extraits ont été faits :

Partie astronomique. — Abbé MOREUX et FLAMMARION.

Théorie d'Arrhénius. — Article d'Alphonse BERGET dans le « Larousse Mensuel ».

Géologie, paléontologie. — Abbé MOREUX.

Anthropologie. — L'homme et la terre, d'Elysée RECLUS.

Biologie, embryogénie. — Résumé des Conférences du Dimanche (l'Acacia).

Philosophie scientifique (en partie). — Résumé des Conférences du Dimanche.

Souvenir frat.

J. Langlet

LA GENÈSE DES MONDES

Nébuleuses. — Théorie cosmogonique nouvelle du professeur S. Arrhénius. — Formation du système solaire. — Le passé de la Terre. — Origine et évolution de la vie. — La philosophie scientifique moderne en face du dogme religieux de la Création.

L'illumination infinie de la voûte étoilée met en nous l'angoisse d'un problème insoluble. Où commence, où finit l'Univers ? En face des · millions de mondes tournoyant dans l'espace au sein de l'éther, en face du problème vivant de l'Univers toujours présent à notre pensée, nous nous demandons involontairement : d'où viennent ces astres, où vont-ils dans leur course vertigineuse, immuable, éternelle ?

Interrogeons la Science, celle qui s'occupe de la formation des mondes : la Cosmogonie, comme toutes les sciences, a fait d'énormes et récents progrès. — La Chimie, la Physique et en particulier la Spectroscopie venant en aide à l'Astronomie, au point de vue analyse, ont permis au cerveau humain de notre époque de concevoir une genèse de l'Univers débarrassée des légendes religieuses et basée uniquement sur un faisceau considérable de découvertes scientifiques irréfutables et susceptibles de s'enrichir tous les jours davantage.

Le problème de l'unité de la matière, qui n'est pas complètement résolu à l'heure actuelle, ne se pose plus néanmoins pour le penseur et le philosophe. — Les travaux des Curie, des Ramsey, des Berthelot, des Becquerel, des d'Arsonval, etc..., nous portent à croire que toutes les substances de l'Univers se réduisent à un corps simple, unique, dont la condensation, opérée peu à peu avec le temps, a donné naissance à tous les éléments connus.

Cela posé, par une nuit très pure, examinons le ciel avec une lunette astronomique même modeste ; nous apercevons çà et là de petits nuages blanchâtres, flocons neigeux à peine indiqués sur le fond plus sombre de la voûte céleste. Ces formations lointaines se résoudront à l'aide de la lunette, les unes en étoiles comme, par exemple, la belle constellation de Persée, et prendront le nom d'Amas stellaires ; les autres, et malgré les plus forts grossissements de lunettes, se présenteront toujours à l'œil sous forme de nuages laiteux. Herschel, le premier, devina que ces taches étaient constituées par un amas gazeux, et il est aujourd'hui établi que ces amas gazeux ou *Nébuleuses* présentent l'aspect qu'offrait le système solaire il y a des millions et des millions d'années.

Pour nous donner une idée des espaces interplanétaires, citons quelques chiffres :

Remarquons tout d'abord que les distances qui séparent les astres entre eux sont si considérables qu'on est obligé de prendre pour unité de mesure l'espace parcouru par la lumière en une seconde. Or, la vitesse de la lumière étant de 300.000 kilomètres par seconde, 19 années sont nécessaires à la lumière pour nous venir de la Nébuleuse d'Andromède. — L'astronome moderne a pu calculer les dimensions de ce système, elles sont effrayantes : 7.516 milliards de kilomètres de diamètre ! — La lumière ne met pas moins de 4 heures pour franchir la distance qui nous sépare de Neptune, la planète la plus éloignée de notre système solaire. Eh ! bien, il faut à cette même lumière 290 jours pour traverser de part en part la Nébuleuse d'Andromède, à la vitesse toujours fantastique de 300.000 kilomètres à la seconde.

La Nébuleuse d'Orion, qui est beaucoup plus grande, n'a pu être encore mesurée.

C'est dans ces amas gazeux qu'il faut chercher tous les stades de l'évolution stellaire, depuis la pâle nébuleuse jusqu'aux amas d'étoiles et de soleils.

Bien des théories autrefois ont été proposées pour la grande question de l'origine des Mondes ; toutes doivent s'effacer devant la constatation de la science moderne.

La matière répandue presque universellement au début s'est groupée peu à peu autour de différents centres de condensation et chacun de ces centres, en se condensant et sous l'influence des forces dynamiques extérieures, a donné naissance à des amas secondaires, noyaux des planètes futures.

Sous l'influence de quelles lois, par quels mécanismes cette transformation s'est-elle opérée ? La Cosmogonie va nous répondre.

La géniale conception de Laplace sur l'origine des Mondes, si séduisante dans sa majestueuse simplicité, n'est plus « entièrement » acceptable aujourd'hui. — Si, *dans son ensemble*, elle rend compte de l'origine du système solaire, dans ses détails, elle manque de précision en certains points, que la Science de l'époque ne permettait pas d'approfondir encore. — Si elle explique comment est né le mécanisme dont notre terre fait partie, du moins est-elle muette en ce qui concerne *l'évolution des Mondes*.

Il faut aujourd'hui, dans une théorie cosmogonique bien équilibrée, faire intervenir les découvertes récentes faites dans l'ordre des sciences astronomiques et physiques. Laplace ne pouvait en tenir compte puisqu'il les ignorait : la spectroscopie, la radio-activité, les ondes électriques, les théories électroniques de la matière étaient inconnues à son époque.

Un illustre physicien de Stockholm, le professeur Svante Arrhénius, vient d'avoir le mérite de coordonner tous ces éléments dans une heureuse conception. — Sa théorie ne laisse dans l'ombre aucun point essentiel ; il va même jusqu'à expliquer le transport de la vie élémentaire d'un monde à l'autre. Son ingéniosité, son audace, sa vraisemblance a provoqué d'abord l'étonnement, puis l'admiration et enfin l'enthousiasme du monde savant ; c'est d'ailleurs le caractère de toutes les grandes conquêtes de l'esprit humain dans le domaine de la vérité scientifique.

Le savant suédois conçoit, dans l'Univers, l'intervention de deux forces nécessaires : la première est la gravitation universelle ou attraction universelle, découverte et formulée par Newton ; la seconde est la pression de radiation, dont l'existence, démontrée en 1873 et 1876 par Maxwell et Bartoli, fut constatée réellement par les classiques expériences de Lebedew.

La radiation est l'ensemble de l'ébranlement que communique un corps à l'éther, ce fluide très raréfié composant l'espace inter-astral. — Le mot *radiation* s'est substitué aux expressions d'émission et de rayonnement depuis que sont établies les théories *d'ondulation*. — Une radiation est décomposable et analysable en des *vibrations* simples ou élémentaires, comme dans le cas de l'ébranlement sonore. — Mais, dans les cas généraux, les vibrations sont infiniment plus rapides. Le spectre, par exemple, à partir de l'infra-rouge jusqu'à l'ultra-violet, nous offre toute une gamme de vibrations, de 100 à 800 trillions par seconde, tandis que les sons musicaux produisent seulement 16 à 36.000 vibrations doubles par seconde. — Les radiations obéissent toutes aux lois de réfraction et de réflexion, c'est ce qui les fait différencier des rayons X de Rœntgen, qui n'éprouvent ni réfraction ni réflexion. — La phosphorescence, la fluorescence, la photochimie dépendent encore de l'étude des radiations. — La valeur de cette pression de radiation est de 4 milligrammes par mètre carré, à la surface terrestre, pour des rayons solaires tombant normalement sur une surface noircie.

Si la première force, la gravitation, est indispensable pour expliquer les mouvements des sphères qui remplissent le ciel, la seconde ne paraît pas moins nécessaire pour expliquer le mécanisme de leur évolution.

Les poussières cosmiques peuvent voyager à travers l'espace, chassées par la pression de radiation — Arrhénius a calculé qu'un grain de cette poussière de 15/100,000 de millimètres subissait une répulsion dix fois plus intense que la force d'attraction. On peut dès lors calculer le temps qu'une telle particule mettra à aller du soleil à la terre : on trouve 56 heures environ.

Cette répulsion radiante fait que les astres perdent continuellement de la matière : l'atmosphère coronale du soleil est, sans aucun doute, constituée de cette manière. Il y a aussi autour des astres incandescents, soleils ou étoiles, une émission continuelle de poussières cosmiques électrisées. — Mais si les astres perdent de la matière, ils en reçoivent aussi : comètes et étoiles filantes sillonnent le ciel. Parfois des « météorites » véritables fragments minéraux, débris de corps célestes entrés en collision, tombent sur la terre ; l'espace est donc sillonné d'éléments matériels errants, les uns de dimensions microscopiques, les autres plus importants. En outre, les corps radio-actifs qui existent sur la terre, et peut-être même tous les corps qui en constituent l'écorce minérale, perdent sans cesse de « l'hélium », qui se dégage dans l'atmosphère, s'élance vers les couches supérieures et s'y diffuse dans l'espace interplanétaire.

Ces molécules gazeuses vont donc errer dans l'espace, très éloignées les unes des autres et, par conséquent, constituent des amas gazeux *froids* ; la température d'un gaz dépend, en effet, de ses chocs moléculaires, et ceux-ci sont d'autant moins fréquents que les molécules consécutives en sont plus rares. — On évalue à 200 degrés au-dessous de zéro la température de ces amas gazeux.

Que des grains adventifs de poussières cosmiques électrisées viennent à s'introduire dans ce milieu gazeux raréfié, au cours de leur voyage interastral, aussitôt ces grains s'entourent des gaz qu'ils rencontrent. Les poussières électrisées rendent la masse gazeuse luminescente, d'autant mieux que la température est plus basse. Alors, l'amas gazeux raréfié devient visible, comme une tache laiteuse sur le fond du ciel noir : c'est une nébuleuse qui a pris naissance, premier stade de la formation d'un monde. — Nous pouvons analyser au spectroscope la lumière de ces astres devenus visibles et constater ainsi qu'ils ne renferment que de l'hydrogène, de l'hélium et un élément encore inconnu sur la terre auquel on a donné le nom de nébulium. On a ainsi la confirmation de la présence de l'hydrogène et de l'hélium dans les espaces célestes : ce sont les seuls corps restant gazeux aux basses températures.

Ces nébuleuses, constituées à cette période de leur formation d'amas gazeux froids à 200°, ont un rôle préservateur : elles servent de réfrigérents, car elles arrêtent au passage les radiations calorifiques émises par les innombrables étoiles et soleils du ciel ; sans cela, celui-ci nous apparaîtrait comme une voûte de feu, et la vie serait détruite dans tout l'Univers. — Elles se condensent peu à peu, car chaque grain matériel adventif tombe sur le centre de gravité de la masse totale : plus la condensation s'avance, plus la température s'élève. — Alors, commence la période stellaire ; une étoile est née ; issue d'un milieu en incessant mouvement moléculaire elle prend elle-même un mouvement de rotation et de translation et son refroidissement continuera ainsi. La force centrifuge résultant de cette rotation pourra devenir assez importante à un moment donné pour qu'un morceau de cette étoile se détache, et alors la matière s'agglomérera en une *planète* dont nous comprenons ainsi la naissance. — Laplace avait eu cette conception du mode de formation des planètes, mais il prenait comme point de départ la nébuleuse déjà portée à haute température : Arrhénius nous fait aller plus en avant dans leur passé, par sa conception de la nébuleuse froide.

Ainsi nous avons vu pour une nébuleuse, une manière de prendre naissance par agglomération de molécules gazeuses autour de grains de poussière chassés par la force de radiation. Mais il y en a une autre, et c'est ici qu'éclate le génie d'Arrhénius, car cette seconde manière n'est autre que la « résurrection » éternelle des Mondes.

Notre étoile, née de la Nébuleuse, va évoluer : elle va se mouvoir, se refroidir ; elle verra mourir autour d'elle ses planètes concomitantes, à mesure que ses rayons ne seront plus assez chauds pour leur fournir la vie. — Elle finira donc par se recouvrir à son tour d'une croûte opaque à peine crevée de temps en temps par les éruptions volcaniques dues à l'énergie renfermée en son centre, et elle continuera d'errer dans les cieux. En errant ainsi, ou bien ce système rencontrera une autre nébuleuse : ses globes solides y deviendront tout de suite des centres de condensation, et ce sera autant de gagné pour la formation d'un monde nouveau ; ou bien ce soleil mort heurtera un autre soleil mort.

Alors, un choc terrible aura lieu. La quantité considérable de chaleur résultant de la force vive du choc, suffirait à elle seule à volatiliser instantanément toute la matière constitutive de ces deux mondes en contact, mais il y a plus : ces deux mondes superficiellement éteints, sont des obus chargés ; chargés de l'énergie volcanique dont nous parlions tout à l'heure, qui est accumulée à leur centre et que le bris instantané de leurs enveloppes va brusquement mettre en liberté, en leur faisant dégager d'un seul coup toute la chaleur qu'ils avaient, au cours de millions de siècles, absorbée pour se former. Aussi, tous les éléments se dissocient-ils et ainsi a lieu sans doute, cette « désagrégation atomique », qui transforme toute la matière existante en ses termes ultimes : l'hélium et l'hydrogène. — Ce phénomène n'est pas un rêve de l'esprit ; les astronomes en voient de pareils se produire dans le ciel sous leurs yeux. Quand une « étoile nouvelle », *une nova*, pour employer leur langage, apparaît dans l'espace sombre, comme la nova Persée, il y a quelques années, c'est un cataclysme de ce genre qui s'est produit.

Ainsi les mondes évoluent, perdant de la matière ; les astres peuplent l'espace des produits de leur désagrégation. Cette matière, ces atomes d'hélium et d'hydrogène se condensent sur les fragments d'astres éteints et sur les poussières cosmiques. Les nébuleuses naissent froides, se condensent, s'échauffent et se transforment en étoiles ; ces étoiles continuent d'évoluer, se refroidissent à leur tour et meurent, tandis qu'au cours de leur évolution, la naissance des éléments chimiques constituant la matière de ces astres n'a lieu qu'après la période stellaire, c'est-à-dire au début de la période planétaire. — Plus tard encore, arrive la vie organique, de durée éphémère, si l'on considère les immenses intervalles de temps que comporte l'évolution d'un monde. — Puis le refroidissement final, la mort... et enfin la résurrection par heurt ou par pénétration dans une autre nébuleuse, faite des atomes issus d'autres mondes. — Ainsi se conçoit le cycle éternel par lequel l'Univers se renouvelle sans cesse. — Arrhénius n'a pas arrêté là sa grandiose conception ; il a voulu montrer que la vie elle-même se renouvelait à travers l'espace et le temps et que, tout comme les poussières cosmiques, les germes vivants pouvaient voyager à travers le ciel et porter la vie d'un monde à l'autre.

Les germes vivants, en effet, du moins les germes « élémentaires », comme certains spores, ont à peu près la densité de l'eau et un diamètre approchant de ce diamètre critique à partir duquel la pression de radiation, force répulsive, l'emporte sur la gravitation, force attractive. — De telles spores peuvent être enlevées, par un courant d'air ascendant, aux limites de l'Atmosphère terrestre. Là, elles rencontrent les poussières électrisées qui y sont arrivées, qui les électrisent et les repoussent vers le ciel. — Elles sont alors saisies par l'influence de la pression de radiation qui les lance dans l'espace et les y fait voyager ; quelques spores même se colleront à des grains de poussière cosmique errante et, dans ces conditions, mettront 80 jours, par exemple, pour arriver à la distance de l'orbite de la planète Mars, 4 ans pour arriver à celle de Jupiter ; elles seront en 12 ans arrivées à celle de Neptune, etc... Qu'un seul germe arrive ainsi sur un astre où les conditions de la vie sont possibles, il y apportera cette vie ; les êtres qui naîtront commenceront leur lente évolution, et la vie organique aura pris possession de la planète.

Mais ces germes supporteront-ils les dures conditions de leur voyage transastral ? Ils auront, ne l'oublions pas, à supporter des températures très basses ; ils auront à subir l'action microbicide des radiations ultra-violettes et celles du vide. Résisteront-ils à tant de causes de destruction ? A cela l'expérience répond : oui — et rapportons-nous en aux travaux de d'Arsonval, Mac Faydor, Paul Becquerel, qui ont démontré que des graines et des germes ne perdaient pas leur pouvoir germinatif et pouvaient rester dans le vide à 200 degrés au-dessous de zéro, pendant des jours et des mois, sans perdre ce pouvoir. Quant aux effets d'une illumination excessive, le Dr Roux et Duclaux ont pu conserver *dans le vide* pendant plusieurs mois des spores soumises à l'éclairage constant et intensif d'une puissante lumière solaire, alors qu'elles auraient, *dans l'air*, péri en peu de temps. D'autre part, dans le vide de l'espace intersidéral, la source lumineuse émettant des rayons ultra-violets est très éloignée, et l'intensité varie en raison inverse du carré de la distance. — Le vide et le froid de l'espace intersidéral sont donc des causes de préservation.

La conception d'Arrhénius s'applique dès lors à la transmission de la vie ; cette vie organique elle-même ne serait donc qu'un perpétuel recommencement, comme la vie cosmique des mondes. —

Telle est, réduite à ses points essentiels, la grandiose théorie de l'illustre physicien suédois.

Notre système solaire a la même origine que tous ces mondes disséminés dans les abîmes du ciel. — Comme ces amas gigantesques de gaz répandus à profusion dans l'Univers, notre Soleil et ses planètes proviennent d'une nébuleuse, ronde à l'origine. L'étude de cette masse sphérique a été entreprise ces dernières années par d'éminents savants, l'astronome Faye en particulier, et, en appliquant les lois de la mécanique céleste, il est résulté de leurs travaux que cette nébuleuse a dû commencer par s'aplatir; une partie de ses matériaux les plus denses est allée former un noyau vers le centre, noyau qui est devenu le soleil par la suite. Le reste des particules, sous l'influence de la force centrifuge créée par le mouvement de rotation de la masse, s'est converti peu à peu en anneaux qui se sont rompus et, par condensation, ont donné naissance aux diverses planètes de notre système. — Jupiter, le plus gros, a été formé le premier; puis sont venues peu à peu et successivement, Neptune, Uranus, Saturne avec son anneau; la terre a été le cinquième enfant de cette famille et enfin Vénus et Mercure se sont formés les derniers

Notre Soleil marche à la vitesse de 16 kilom. par seconde et la Terre, comme toutes les planètes énumérées plus haut et faisant partie de ce Système, suit l'Astre Solaire en décrivant, en 365 jours 1/4, une courbe elliptique dont le Soleil est un des deux foyers. Ce mouvement elliptique, se combinant avec le mouvement propre du Soleil, fait que la Terre parcourt en une année, une trajectoire hélicoïdale à spires très écartées et dont les points extrêmes se trouvent à une distance de 504 millions de kilom. — Et vers quel point du ciel nous entraîne le Soleil? Cette direction a été récemment déterminée. — Tout notre Système Solaire se dirige avec une vitesse vertigineuse vers un point du ciel qui se trouve dans le voisinage de l'Étoile Véga, dans la Voie Lactée.

L'important pour notre Soleil est de trouver la voie libre au milieu de cette cohue pressée de mondes en mouvement. Une collision serait la scène finale pour nous. — Nous savons où nous allons, mais quand arriverons-nous? Tout d'abord, il faut savoir si le Soleil parcourt une ligne droite, une courbe parabolique ou une immense courbe elliptique autour d'un foyer inconnu encore. A l'heure actuelle, les observations, commencées depuis peu, ne sont pas assez nombreuses pour donner une solution mathématique, mais l'induction la plus naturelle, basée sur les lois de la gravitation et de l'attraction, nous conduit à penser que le centre de notre Système parcourt une trajectoire fermée.

Maintenant que nous savons comment la terre est née, laissons-la continuer sa course vers la Voie Lactée et examinons son évolution à travers l'espace et le temps.

Il y a des centaines de millions d'années, la Terre existait déjà, mais combien différente de ce que nous la voyons. Sa surface offrait l'aspect d'une ardente fournaise où toutes les substances réduites à l'état de gaz brûlaient sans discontinuer. — A cette époque, la Terre éclairait une minuscule planète : la Lune, morte depuis longtemps déjà à la vie astrale ; elle réchauffait cet unique satellite à la façon dont notre Soleil nous chauffe et nous éclaire. Comme tous les astres du ciel, la Terre connut donc la phase stellaire, mais le froid de l'espace qui ne respecte rien, pas même les Soleils, devait avoir bientôt raison de ce très minuscule foyer. — Grâce à l'action du refroidissement toujours à l'œuvre, les gaz purent se combiner, se condenser ; ceux de l'intérieur, sous des poussées violentes, jaillirent au dehors ; longtemps l'électricité régna en maîtresse dans ce chaos indescriptible d'éléments confondus. Les milliers d'années se succédaient et la petite étoile luttait toujours contre le froid ; mais ce dernier devait finalement l'emporter. — Des nuages épais, chargés de vapeurs métalliques, recouvrirent lentement notre astre qui ne devait plus jamais se rallumer.

La phase planétaire commençait :

Transportons-nous par la pensée dans ces âges lointains.

Des masses énormes solidifiées, émergent à la surface d'un océan de feu jusqu'au jour où le froid achevant l'œuvre commencée, une surface solide agitée de perpétuels frémissements, finit par envelopper le noyau liquide et compact.

Sous l'effort de la condensation, les pluies commencent ; mais ce sont des pluies de feu. Des rivières de métaux fondus descendent les pentes et s'accumulent dans les vallées, jusqu'au moment où la chaleur centrale ne fusant presque plus, que par les cratères des volcans, ces soupapes naturelles, des gaz moins denses, vont se liquéfier à leur tour.

Cette fois la planète commence à prendre l'aspect véritablement solide. — Les eaux acides ravinent les montagnes, emportent les éléments de nos terrains, carbonates, sulfates, silicates, sels de toutes sortes, les déposent par couches successives qui, d'abord horizontales prendront plus tard toutes les inclinaisons sous l'influence des forces internes du Globe. Ce sont ces couches de stratification qui vont maintenant nous raconter l'histoire de la Terre. L'astronome n'a plus qu'à laisser la place au géologue et au paléontologiste.

Depuis l'instant où l'étoile est devenue planète des centaines de millions d'années ont continué de s'écouler. La chaleur du Globe a diminué et dans les eaux tièdes, la vie est apparue sous forme d'éléments cellulaires réduits à la plus simple expression.

Quand et comment est-elle née ? — Pour résoudre cette question nous sommes forcés de reconnaître que la Science actuelle n'a pas encore été à même d'y répondre catégoriquement ;

les résidus de vie organique que l'on rencontre dans les terrains primaires ne sont pas assez riches pour nous éclairer d'une façon certaine ; mais nous devons mettre toute notre confiance dans la Science qui, en moins d'un siècle, a enrichi l'humanité de découvertes formidables, telles que, en dernier lieu, la radioscopie, la télégraphie sans fil et l'aviation. — Ce sont des gages d'espoir suffisants pour que l'on puisse lui faire crédit.

A l'heure actuelle, l'étude des origines de la vie comprend, d'une part, les conditions mêmes des phénomènes qui se passent chez les êtres vivants ; d'autre part, l'étude des conditions de milieu dans lesquelles les premiers êtres vivants ont pu prendre naissance ; enfin, l'examen des formes vivantes actuelles qui peuvent correspondre aux premières formes apparues sur la terre.

Ce que l'on peut affirmer aujourd'hui, c'est que tout être vivant dérive d'un élément simple, fondamental, appelé cellule, constitué par un petit corps vésiculaire à parois minces et membraneuses. Ces petites masses de substance plastique (protoplasma) sont douées individuellement des propriétés d'assimilation et de mouvement, indices d'une manifestation de vie élémentaire. Chaque cellule est séparée de sa voisine par une membrane mince, et le noyau qui est à l'intérieur joue le rôle pricipal dans la reproduction, la féconda-tion, etc. . Toute cellule privée de son noyau meurt, tandis qu'une cellule, même tronquée, qui le contient, peut survivre. Cet organisme, si simple en apparence, apparaît, après l'analyse de ses éléments, comme un être élémentaire très complexe, ayant une physiologie délicate et des fonctions perfectionnées. La vie, qui a pour caractère fondamental d'être un fonctionnement, cesse chaque fois qu'il se produit un arrêt du mouvement vital dans les organes. La substance vivante disparaît momentanément après la mort, mais elle se perpétue partiellement en passant d'êtres en êtres qui tous proviennent d'un antécédent semblable à eux.

On sait d'autre part que les phénomènes de la vie sont d'ordre purement physique et chimique. Tous, même les phénomènes très élevés de l'intelligence et de la pensée, ne sont que la résultante des réactions chimiques qui se passent dans les cellules des diffé-rentes parties du corps, dans les glandes, dans les cellules mus-culaires, dans les cellules cérébrales. Ces réactions chimiques, véritables combustions lentes, donnent naissance à des dégage-ments d'énergie considérable qui se manifestent au dehors sous la forme d'actes effectués par les êtres vivants.

Ces principes étant établis, revenons au moment où la vie apparaît à la surface de notre Globe. — La terre refroidie, conden-sée, avait d'énormes masses d'eau répandues sur toute la surface. Les premiers êtres vivants sont donc d'origine marine. — Champi-gnons, algues, mousses, lichens, ont primitivement couvert les lagunes, les rivages et les fonds marins. C'est le début de la période primaire. Puis dans ces eaux apparaissent successivement les polypiers, les mollusques, crustacés et vertébrés en forme de poisson Les végétaux, sans fleurs encore, envahissent le sol. Sous l'influence d'une énergie vitale colossale, les fresnes atteignent 15 et 20 mètres de hauteur, les fougères sont géantes, les champignons ont 30 mètres de tour, etc., et cette végétation luxuriante abrite déjà des animaux, des insectes, dont l'organisation nous étonne : sauterelles géantes, araignées, libellules grandes comme des pigeons, etc , etc.

Mais les siècles succèdent aux siècles. La Terre a été maintes fois bouleversée par les pluies diluviennes et les secousses sismiques. Toujours le soleil pâle, nébuleux, éclaire la terre, mais le paysage est changé. Les monstres géants de l'époque secondaire apparaissent, et la nature semble prendre plaisir à accumuler sur un même être les caractères les plus disparates, on voit par exemple, le plésiosaure avec un corps de lézard gigantesque, un cou de cygne, des nageoires de phoque et une gueule de crocodile.

Mais le temps fuit toujours, et l'apparition des saisons marque la fin de ces représentants de l'époque secondaire.

A la période tertiaire qui lui succède, nous voyons apparaître une nature plus en rapport avec ce que nos yeux ont coutume de voir. La végétation est plus riche en espèces, mais de dimensions plus restreintes ; les prairies alternent avec les forêts ; des ruminants, rappelant nos porcs, voisinent avec des paléothériums aux corps de cheval et des xiphodons élancés comme nos gazelles. — Les mammifères atteignent leur plein développement avec le dinothérium et l'éléphant ; sur les bords des étangs, s'ébat toute une population d'oiseaux et de singes.

L'activité interne du globe, longtemps assoupie, se réveille soudain ; partout des volcans s'allument et une série d'oscillations gigantesques, donne naissance aux hauts sommets de l'Himalaya, des Alpes, des Apennins, etc... En même temps, une suite de cataclysmes s'abat sur la terre et principalement sur notre hémisphère.

Pour des causes inconnues de notre science actuelle, des périodes froides alternant avec des périodes chaudes se succèdent ; les neiges et les glaciers envahissent principalement une notable partie de l'Europe et de l'Asie.

C'est entre la 3ᵉ et dernière période glaciaire que l'Homme apparaît.

L'origine de l'Homme a donné lieu à des théories et des critiques nombreuses. Il n'y a de définitif sur cette question, que les progrès qui s'appuient sur des faits dont la démonstration peut être sans cesse reprise. La coordination de ces faits est une œuvre récente. Nous savons aujourd'hui, que c'est à la suite de longues et lentes formations successives que la terre a offert aux êtres les conditions d'existence qu'ils ont successivement subies La théorie de l'évolution lente, le transformisme, basé sur les influences du milieu, de l'hérédité et de la sélection naturelle, semble le mieux répondre à ce que nous savons sur cette immense période d'indécision et de stagnation des formes de la vie primitive pour en arriver au degré de perfectionnement de l'époque actuelle. C'est au cours de l'époque géologique la plus récente et la plus courte que se sont constitués les genres les plus élevés parmi les animaux. — Toutes les espèces de la récente époque géologique du quaternaire, aurore du règne humain, ont des ancêtres directs dans l'époque géologique qui la précède immédiatement, dans l'époque tertiaire pliocène. Pourquoi l'homme ferait-il exception ? Ce premier homme du commencement du Quaternaire est bien inférieur ; il est inférieur à nos plus sauvages peuplades vivant dans quelque coin reculé des forêts vierges. — Elysée Reclus cite dans son ouvrage l'*Homme et la Terre* : « C'est dans ces forêts que l'on trouve encore, sinon des primitifs, du moins ceux qui se rapprochent le plus du type originel ».

Une immense distance nous sépare d'un tel être, et cependant nous ne renions pas comme ancêtre l'homme primitif du début du Quaternaire. Ce primitif était bien un homme complet en possession du langage articulé et, si nous remontons encore plus loin, nous devons bien lui trouver une espèce inférieure à la sienne. Comme toutes les autres espèces du commencement du Quaternaire, il y a un ascendant direct correspondant dans l'époque pliocène du tertiaire — On devait fatalement la découvrir un jour et on y est en effet arrivé. Cette espèce est le pithécanthropus erectus, ne possédant qu'une ébauche de langage articulé. Sous ce rapport et par ses formes, il rattache l'homme primitif aux autres genres de la famille des primates. Nous sommes bien forcés de reconnaître, après ces constatations, que l'origine de l'Homme n'est pas différente de celle des autres primates.

Le rapide aperçu que nous venons de faire sur l'origine et l'évolution de la vie organisée à la surface de notre Globe, peut se synthétiser par les paroles suivantes de Fritz Muller :

« L'histoire de l'évolution individuelle est la répétition courte et « abrégée, la récapitulation de l'histoire de l'évolution de l'espèce. »

En effet, voyons succinctement ce que l'embryogénie de l'homme nous apprend :

L'œuf humain, dont la cellule initiale est la combinaison de deux cellules sénescentes, va enclore un être changeant dont il nous suffira d'examiner les métamorphoses pour étudier l'évolution de l'espèce.

De cette cellule isolée, vivant de sa vie propre, une série de bipartitions font un groupe cellulaire dont les aspects réalisent l'apparence d'êtres vivants parfaitement finis et connus au bas de l'échelle des êtres organisés et dont les stades correspondent au groupe des spongières.

L'embryon se transforme ensuite et réalise le type exact du ver sans système nerveux, puis du ver à moelle épinière ou vertébré inférieur. L'apparition très nette des arcs branchiaux, presque aussitôt effacés, marque le passage de la vie du fœtus de la forme aquatique à la forme terrestre. — Le développement des membres eux-mêmes présente chez les jeunes êtres les formes diverses de l'appareil locomoteur chez les batraciens et les reptiles.

Enfin, l'étude embryogénique du système nerveux à ce stade du développement nous permettrait de connaître dans tous ses détails l'évolution de la vie intellectuelle de l'individu, depuis le vague instinct du vertébré inférieur jusqu'aux conceptions remarquables des génies scientifiques de notre époque.

Et alors, la question inévitable qui sera posée est celle-ci :

Y a-t-il dans l'apparition de la cellule initiale la marque d'un phénomène mystérieux tel, que seule une intervention divine, encore plus mystérieuse et hypothétique d'ailleurs, puisse l'expliquer d'une manière satisfaisant la raison ? — Non, l'attention la plus prévenue n'a pu y découvrir le moindre sceau divin. — D'ailleurs pouvons-nous répondre à un tel problème par le surnaturel. — Nous n'avons pas le droit de donner une origine divine à la première cellule organique si nous ne faisons pas intervenir cette même puissance dans chaque phénomène encore inexpliqué de fécondation qui se présente chaque jour en nombre incalculable pour toutes les espèces d'êtres organisés à la surface de notre Globe ; car alors où pourrait nous conduire notre imagination ?

Nous préférons nous contenter d'une solution scientifique encore incomplète au lieu d'une réponse qui peut paraître catégorique au premier examen, mais qui au fond n'est basée que sur des légendes invraisemblables et sur l'exploitation de l'ignorance humaine.

Comme conséquence à cet exposé sommaire de données scientifiques sur la genèse des Mondes, le raisonnement pur nous invite donc à mettre en parallèle ce que le cerveau humain est parvenu à concevoir sur des bases immuables, mais, répétons-le, susceptibles de s'enrichir à chaque instant, en face du dogme religieux de la Création.

Jusqu'à nos jours l'effort constant de l'Humanité a été d'exprimer dans une croyance religieuse ou dans une doctrine philosophique, sa conception de l'Univers et de l'Homme. A notre tour, nous essayons de traduire dans des théories diverses, les principes directeurs de notre pensée orientée vers des faits positifs.

La Science, avec ses découvertes incessantes, ses méthodes sûres, permet d'élaborer des principes certains qui satisfont notre bon sens. Mais ces principes résultant des faits, ces données positives sur les phénomènes, et ces hypothèses qui plus tard deviennent à leur tour principes, sont d'une telle richesse que la constitution d'un système philosophique ne paraît pas, au premier abord, accessible à tous les cerveaux. A mesure que nous nous posons des questions, il semble que notre pensée soit sans limites, et notre raisonnement se trouve arrêté, car il n'est aucun de nous qui soit assez bien doué et équilibré mentalement pour posséder toutes les sciences spéciales. — Les Conceptions nouvelles, bien qu'établies par la raison et l'expérience, sont constamment en voie d'élaboration. Elles ne se présentent pas sous une forme définie et fixe et semblent peu abordables par les esprits non préparés. — La Science, toujours en voie d'évolution rapide, apparaît au premier lieu, comme moins cohérente que la religion. Cela vient de ce que l'homme qui désire acquérir des notions scientifiques est obligé de réagir contre le milieu social, qui vit de traditions et de légendes, et cet effort est souvent au-dessus de ses forces. (Ex. : *Pasteur*.)

Cela vient aussi de ce que nos idées et nos connaissances n'ont pas encore été classées suivant un ordre déterminé par les manières de penser nouvelles.

Le rôle des hommes de science doit donc être de dégager de l'ensemble des faits et de leur interprétation l'ordre nouveau dans lequel on les classera ; et, véritablement l'Humanité peut être fière à juste titre de la quantité considérable de matériaux accumulés depuis si peu de temps pourtant, et qui, en attendant leur utilisation dans l'édification du Temple à la Vérité, servent de barrage au flot toujours envahissant des légendes religieuses.

En face de ces principes fournis par la Science, principes essentiellement vrais, et qui nous donnent, sinon une solution immédiate, du moins une explication rationnelle des faits qui nous entourent, que nous offre la Religion, la religion catholique par exemple, dans son dogme de la Création, pour répondre à notre bon sens ?

Trouvons-nous dans l'ancien Testament, dicté par Dieu lui-même, paraît-il, des marques de son infaillibilité ? Toute la question est là.

Or, laissant de côté les nombreuses erreurs théologiques et morales, nous constatons d'abord que la Création nous est décrite comme pouvait la concevoir l'imagination d'un oriental de cette époque, non inspiré de Dieu, cet être réputé supérieur et parfait. Dans cette explication fabuleuse de la Genèse, nous y voyons la terre représentée comme le centre de l'Univers. La création de la terre aurait précédé de trois jours celle du soleil dont elle n'est que le satellite. De même la lumière aurait été créée trois jours avant le soleil dont elle émane. Le créateur consacre quelques jours à créer, orner et peupler notre Globe minuscule et expédie en une journée la création de tous les autres corps lumineux, etc., etc... Le déluge est une histoire amusante dans sa simplicité. On se figure difficilement contenues dans l'arche de Noë un couple de 1.600 espèces de mammifères, 12.000 d'oiseaux, 600 de reptiles et un nombre invraisemblable d'insectes et de créatures inférieures. Il y aurait bon nombre d'autres erreurs à signaler dans ce récit de la Création, mais cela nous entraînerait trop loin. Au surplus, ces erreurs des livres saints sont proclamées par ce fait que l'Eglise est obligée d'enseigner dans ses écoles les théories scientifiques et le système de Copernic, déclaré autrefois contraire à la Bible. — L'Eglise est forcée de faire aujourd'hui la part du bon sens : cette transaction est vraiment tardive. Dieu, pour nous manifester la soi-disant Vérité dont dépend notre salut, aurait vraiment pu mieux faire que de la laisser s'égarer dans l'ignorance humaine. Ce procédé n'est pas conforme à sa réputation de franchise et de bonté puisque ses ministres eux-mêmes ont combattu la Vérité scientifique au nom du dogme. Nous en arrivons par suite à nous demander : Comment Dieu s'est-il trompé et nous a-t-il induit en erreur pendant si longtemps ? Il ne doit pas se contredire une seule fois ou il n'est plus Dieu. N'est-il pas très évident enfin que la splendeur du Vrai devrait être le Sceau de l'intervention divine si elle s'était produite ?

Une conclusion unique découle de tout ce qui précède, c'est que cette inspiration divine ne s'étant pas manifestée dans l'élaboration des textes sacrés remplis d'erreurs, on est fatalement amené à penser que Dieu n'existe pas. — Dieu ne serait alors qu'un mot inventé depuis l'origine de l'humanité, pour expliquer certains phénomènes naturels et aussi pour servir de sanction à une loi morale. Le fait caractéristique de la vie morale étant en effet la responsabilité de l'individu, l'homme faible a éprouvé dans la lutte pour la vie, le besoin de réglementer ses actes en concevant l'existence d'un législateur absolu et d'un juge éternel capable de réaliser après la mort, l'harmonie entre la vertu et le bonheur, c'est-à-dire de donner une sanction aux actes de la vie. — Cette méthode de morale, à la rigueur excusable chez des hommes non civilisés, n'est plus de nos jours d'accord avec notre raison.

D'ailleurs, la conception d'un Dieu, Créateur de l'Univers, juge de nos actions après la mort, est-elle bien indispensable à notre époque pour constituer la base de notre idéal moral ?

Nous ne le croyons pas. — Nous estimons au contraire qu'il y a beaucoup plus de grandeurs de sentiments à ramener notre pauvre petite humanité à la place infime qu'elle tient dans le Monde. Nous sommes à la partie supérieure de l'échelle des êtres organisés à la surface de la Terre, mais nous ne devons pas en concevoir un orgueil tel qu'il nous fasse oublier nos dimensions infinitésimales par rapport à l'Univers et nous porte à croire à l'immortalité de notre vie spirituelle.

Nous avons démontré tout à l'heure la non intervention de Dieu dans l'origine de notre Monde. Au point de vue moral, la conception de son existence n'est pas plus indispensable. C'est une erreur de croire que l'homme qui a réussi à se débarrasser de toute crainte surnaturelle et qui marche assuré dans la pleine conscience de sa liberté, soit plus à plaindre et supporte moins courageusement les alternatives de l'existence que le fidèle religieux. L'homme devient au contraire plus fort dans la lutte pour la vie quand il n'a pas à compter sur le secours illusoire des prières ; il marche libre et fier sous l'orage, avec sa conscience comme juge.

A la peur d'un châtiment après la mort, ou à l'espérance chimérique de félicités éternelles, mieux vaut l'espoir de notre retour à la source commune et de notre fusion dans la vie indéfiniment rajeunie de la nature.

Or.·. de Paris, le 26 Avril 1912.

F.·. LANGLET.

Imp. Jules NIADE, 62, rue Saint-Lazare, Paris. — Téléph. 269-86.

IMPRIMERIE JULES NIADE

62, Rue Saint-Lazare, 62

PARIS

www.ingramcontent.com/pod-product-compliance
Ingram Content Group UK Ltd.
Pitfield, Milton Keynes, MK11 3LW, UK
UKHW022250070726
13613UKWH00005B/2205